Leseverstehen trainieren
mit kurzen spannenden Geschichten

Zur Leseförderung ab Mitte der 2. Klasse für zu Hause

Gero Tacke

Über den Autor: Dr. Gero Tacke beschäftigt sich als Schulpsychologe seit vielen Jahren mit der Förderung leserechtschreibschwacher Schüler. Er arbeitet nicht nur mit Schülern, sondern führt auch Fortbildungen für Lehrer, Eltern und Legasthenietherapeuten durch. Darüber hinaus hält er Vorträge auf Kongressen. Neben Förderprogrammen hat er zahlreiche Artikel in Fachzeitschriften und Büchern veröffentlicht. Außerdem hat er eine Reihe von Studien zum Erfolg der Lese- und Rechtschreibförderung durchgeführt und in Fachzeitschriften publiziert.

Informationen zu seinen Arbeiten finden sich im Internet unter: www.leserechtschreibfoerderung.de

6. Auflage 2023

Autor*innen: Dr. Gero Tacke
Illustrationen: Stefan Lohr
Satz: Fotosatz H. Buck, Kumhausen
Druck und Bindung: Franz X.Stückle Druck und Verlag e.K.
ISBN 978-3-403-**06330-8**

www.auer-verlag.de

Inhalt

Hinweise für Eltern und Lehrer

Was ist der Zweck des vorliegenden Buches?

Leseverstehen trainieren besteht aus Geschichten, die so angelegt sind, dass das Verstehen erleichtert wird. Am Ende jeder Geschichte kann überprüft werden, wie gut der Schüler den Text erfasst hat. Auf diese Weise lernt er, sein Augenmerk von Geschichte zu Geschichte immer mehr auf den Inhalt zu lenken.

Zusätzlich zur vorliegenden Version zur Leseförderung für zu Hause gibt es *Leseverstehen trainieren* (mit anderen Geschichten) auch in einer Fassung für die Schule (Bestell-Nr. 06329).

Worin bestehen Leseprobleme?

Manche Kinder können gut lesen, und sie verstehen das Gelesene auch. Aber sie lesen trotzdem nicht. Gibt man ihnen ein Buch, dann blättern sie allenfalls ein bisschen darin herum und legen es bald wieder beiseite.

Ein weiterer Teil der Schüler hat ein anderes Problem. Diese Kinder lesen langsam, fehlerhaft und holprig. Bei vielen Wörtern bleiben sie stecken oder sie lesen etwas, das gar nicht im Text steht. Den Inhalt verstehen sie kaum oder nur unvollständig.

Was sind die Ursachen von Leseproblemen?

Die Kinder, die zwar lesen können, aber nicht dazu bereit sind, finden Bücher langweilig. Das Lesen macht ihnen keinen Spaß. Deswegen beschäftigen sie sich lieber mit anderen Dingen.

Den Kindern, die langsam, holprig und fehlerhaft lesen, fällt das Lesen schwer. Für sie ist es harte Arbeit. Deswegen versuchen sie, wenn immer es möglich ist, sich dem Lesen zu entziehen. Man kann das Problem so formulieren: Die Kinder lesen nicht, weil sie es nicht richtig können und sie können es nicht richtig, weil sie nicht lesen. Diese Kinder an das Lesen heranzuführen ist eine besonders wichtige Aufgabe.

Wie kann man Kinder mit Leseproblemen an Texte und Bücher heranführen?

Die Kinder, die gut lesen können, aber keine Lust dazu haben, kann man zum Lesen bringen, indem man ihnen spannende Texte gibt. Deswegen sind die Geschichten im vorliegenden Buch so geschrieben, dass beim Lesen eine möglichst große Spannung entsteht. Einige Geschichten bestehen aus mehreren Fortsetzungen, die immer an einer besonders spannenden Stelle enden. Weil man wissen möchte, wie es weitergeht, wird das Bedürfnis geweckt, weiterzulesen.

Bei den Kindern, denen das Lesen schwerfällt, muss man die Hürden abbauen, die sie von der Lektüre abhalten. Dies kann zunächst einmal dadurch erreicht werden, dass man ihnen möglichst kurze Texte gibt. Denn sie sind eher bereit kurze Texte zu lesen, als sich mit langen abzugeben. Aus diesem Grund sind die Geschichten im vorliegenden Buch ganz kurz gehalten. Weiterhin benötigen die betroffenen Kinder Texte, die möglichst leicht zu lesen sind. Dadurch wird ihnen ihre harte Arbeit erleichtert. Sie lesen dann schneller, und sie machen weniger Fehler. Leider sind die weitaus meisten Kinderbücher für Schüler mit Leseproblemen viel zu schwer zu lesen. Im Gegensatz dazu sind im vorliegenden Buch die Geschichten so geschrieben, dass sie möglichst leicht zu lesen sind.

Wodurch zeichnen sich leicht zu lesende Texte aus?

Leicht zu lesende Texte weisen vor allem drei Merkmale auf. Sie enthalten *wenig lange Wörter*, *wenig selten vorkommende Wörter* und die *Sätze sind möglichst kurz*. Für das Erleichtern des Lesens sind diese drei Kriterien bei Weitem am wichtigsten. Im vorliegenden Buch werden sie erfüllt.

Wie viel sollten die Kinder lesen?

Eine Untersuchung* hat ergeben, dass Schüler ab etwa der Mitte der zweiten Klasse über einen Zeitraum von mehr als einem halben Jahr mindestens fünfmal in der Woche jeweils 300 Wörter lesen müssen. Bleibt das Pensum darunter, so kommt es kaum zu einer Verbesserung der Lesefähigkeit.

In diesem Buch umfassen die Geschichten jeweils ca. 300 Wörter, sodass an einem Tag eine ganze Geschichte gelesen werden kann.

Sollen die Kinder laut vorlesen oder leise für sich lesen?

Wenn ein Kind beim Lesen sehr oft stecken bleibt und viele Fehler macht, sollte man es laut vorlesen lassen. Das hat den Vorteil, dass man es auf Fehler aufmerksam machen kann. Das Kind lernt dann sorgfältig das zu lesen, was im Text steht. Sobald ein Schüler einigermaßen flüssig lesen kann, sollte er leise für sich lesen.

Beim leisen Lesen muss man aber immer nachprüfen, ob ein Text auch tatsächlich gelesen und verstanden worden ist. Zu diesem Zweck sind im vorliegenden Buch am Ende jeder Geschichte einige Fragen aufgeführt. Diese Fragen sollte das Kind beantworten. Dies führt allmählich dazu, dass die kommenden Texte immer besser verstanden werden.

Die richtigen Antworten auf die Fragen finden sich am Ende des Buches. Wenn Sie selber keine Zeit haben, sich die Geschichten durchzulesen, können Sie beim Nachprüfen, ob ein Text auch tatsächlich gelesen worden ist, darauf zurückgreifen. Damit das Kind die Antworten hinten aus dem Anhang nicht abschreibt, sollten Sie die betreffenden Seiten heraustrennen.

Wie kann man die Kinder zusätzlich zum Lesen motivieren?

Die Bereitschaft zur Lektüre kann gesteigert werden, wenn die Kinder für das Lesen belohnt werden. Dabei kann man folgendermaßen vorgehen: Für jede am Ende einer Geschichte richtig beantwortete Frage gibt es einen Punkt. Die Punkte können gesammelt und später gegen eine Belohnung eingetauscht werden. In der Schule kann das z.B. ein lachendes Gesicht sein, und zu Hause kann man etwas aussuchen, was der Schüler sich sehr wünscht und das er ohne das Lesen nicht bekommen würde.

Was kann man tun, wenn ein Schüler die Geschichten noch nicht lesen kann?

Wenn ein Schüler mit seiner Lesefähigkeit noch nicht so weit ist, dass er die Geschichten lesen kann, empfiehlt sich ein Programm desselben Autors mit dem Titel *Flüssig lesen lernen* (Klett Verlag). In diesem Programm wird die Technik des Lesens systematisch eingeübt. Auch zu diesem Programm gibt es eine zusätzliche Fassung für die Schule.

Zum Einüben der Rechtschreibung liegt vom selben Autor ebenfalls ein Programm vor: *Das 10-Minuten-Rechtschreibtraining* in einer Fassung für die Schule und einer Version für zu Hause.

---

* Tacke, G. (2005). Evaluation eines Lesetrainings zur Förderung lese- rechtschreibschwacher Grundschüler der zweiten Klasse. Psychologie in Erziehung und Unterricht, 52/3, S. 198–209.

Ein schlauer Junge

Anton läuft so schnell er kann. Erik ist hinter ihm her. Erik ist sein Feind. Er ist größer und viel stärker als Anton. Einmal hat Erik den Anton sogar geschlagen. Seitdem hat Anton Angst vor Erik.

Jetzt rennt Anton um eine Ecke. Er schaut sich um. Er will sich verstecken. Da sieht er einen Baum. Schnell läuft er zu dem Baum. Er versucht hinaufzuklettern. Aber es geht nicht.

Er schaut zurück. Jetzt kommt Erik um die Ecke. Schnell läuft Anton weiter.

Wieder kommt er an eine Ecke. Dahinter steht ein großes Haus. Anton sieht ein offenes Fenster. Es gehört zu einem Keller. Schnell klettert Anton durch das Fenster.

Hinter dem Fenster bleibt er stehen. Er schaut auf die Straße. Sein Herz klopft ganz laut.

Jetzt taucht Erik vor dem Fenster auf. Erik schaut sich um. Kein Anton ist zu sehen.

Hinter dem Fenster hält Anton die Luft an. Er denkt: „Hoffentlich kommt Erik nicht auf die richtige Idee."

Plötzlich bückt sich Erik und schaut zum Fenster herein. „Da bist du ja!", ruft er. Und schon beginnt er, durch das Fenster zu klettern.

Anton läuft zur Tür des Kellers hinaus. Er kommt in einen Garten. Dort steht ein Junge. Er ist nicht viel größer als Anton. Und sehr stark sieht er auch nicht aus.

Der Junge hat gerade mit seinem Vater einen Baum gepflanzt. Sein Vater ist zurück ins Haus gegangen.

Jetzt steht der Junge neben dem Baum. Der Baum ist fast doppelt so groß wie er.

Schon ist Erik im Garten. „Ich schlage euch beide zusammen“, ruft er.

„Zuerst zeige ich dir mal, wie stark ich bin“, ruft der Junge. Mit einem Ruck reißt er den Baum aus dem Boden.

„Ich werde verrückt“, stottert Erik und läuft weg.

Manche Sätze sind richtig. Manche sind falsch. Kreuze bei jedem Satz an, ob er richtig oder falsch ist.

	richtig	falsch
1. Anton hat vor Erik Angst.		
2. Anton versteckt sich auf einem Baum.		
3. Erik klettert durch das Fenster in den Keller.		
4. Der Junge hat mit seinem Vater Bohnen gepflanzt.		
5. Erik bekommt Angst vor dem Jungen und läuft weg.		

Das Märchen vom Huhn

Lena isst einen Apfel. Plötzlich fällt ihr der Apfel aus der Hand. Er fällt auf den Boden. Ein Huhn kommt gelaufen. Es will nach dem Apfel picken. Aber Lena hebt den Apfel schnell auf.

Das Huhn sieht aus, als ob es wütend wäre. Es schaut Lena an. Dann läuft es dreimal in einem Kreis herum. Danach schaut es zum Himmel hinauf.

Plötzlich wird Lena ganz klein. Bald ist sie nur noch so groß wie ein kleiner Finger. Sie bekommt einen riesigen Schreck. „Das Huhn kann zaubern", denkt sie.

Schon will das Huhn nach dem Mädchen picken. Doch Lena rennt weg. Wo kann sie sich verstecken? Sie sieht eine leere Flasche. Schnell klettert sie hinein.

Das Huhn pickt an der Flasche. Aber die Flasche geht nicht kaputt. Das Huhn wird wütend. Es pickt immer fester.

Die Flasche beginnt zu rollen. In der Flasche rollt Lena mit.

Dauernd stößt sie sich am Glas an. Es tut sehr weh. Aber sie denkt: „Hier kriegt das Huhn mich nicht."

Nun rollt die Flasche einen Abhang hinunter. Das Huhn wartet einen Moment. Dann läuft es hinterher.

Da zerbricht die Flasche an einem Stein. Lena landet im Gras. Sie versucht aufzustehen. Es tut sehr weh. Aber es geht.

Das Huhn kommt immer näher. Lena schaut sich um, wo sie sich verstecken kann. Aber es gibt nichts.

Voller Angst denkt Lena: „Das Huhn kann zaubern. Vielleicht kann ich es jetzt auch."

Schnell läuft sie dreimal in einem Kreis herum. Dann schaut sie zum Himmel hinauf.

Plötzlich verwandelt sich das Huhn in einen Adler. Er fliegt ganz hoch in den Himmel hinauf.

Nun wird Lena wieder größer. Bis sie so groß ist, wie sie früher war.

„Das glaubt mir kein Mensch!", denkt Lena.

Deswegen hat sie die Geschichte bis heute niemandem erzählt. So weiß keiner, dass Lena zaubern kann.

Manche Sätze sind richtig. Manche sind falsch. Kreuze bei jedem Satz an, ob er richtig oder falsch ist.

	richtig	falsch
1. Lena isst einen Apfel.		
2. Das Huhn will nach Lena picken.		
3. Die Flasche zerbricht an einem Stein.		
4. Das Huhn verwandelt sich in ein Schwein.		
5. Lena erzählt ihrer Freundin, was sie erlebt hat.		

Frau Hanne *Teil 1*

Nele ist auf dem Jahrmarkt. Ihre beiden Freunde Lars und Till sind auch dabei. Die drei Kinder möchten sich ein Los kaufen. Plötzlich spürt Till eine Hand in seiner Tasche. Till dreht sich um. Jemand hat sein Geld gestohlen.

Schon ist der Dieb verschwunden.

„Mein Geld ist weg!“, ruft Till.

Nele und Lars schauen ihn an. „Wer war das?“, fragt Nele. „Ein großer Junge“, antwortet Till.

„Wie sieht er aus?“, fragt Nele. „Er hat ein gelbes Hemd an“, sagt Till.

„Also hinterher!“, ruft Nele. Schon laufen die drei Kinder los.

Aber nach kurzer Zeit bleiben sie wieder stehen. Kein Junge mit einem gelben Hemd ist zu sehen.

„So geht das nicht“, sagt Nele. „Wir müssen uns teilen. Till, du gehst nach links. Lars, du gehst nach rechts. Ich gehe geradeaus. Beim Riesenrad treffen wir uns wieder.“

Die Kinder laufen los. Nele hat es schwer. Auf ihrem Weg sind am meisten Leute unterwegs. Nele kommt kaum voran.

Plötzlich sieht sie etwas Gelbes. Das könnte ein Hemd sein. Nele geht darauf zu. Jetzt hat sie es geschafft. Doch das Gelbe ist kein Hemd. Es ist bloß ein Stück Stoff an einer Bude.

Nele geht weiter. Immer noch kommt sie kaum voran.

Auf einmal sieht sie vor sich einen großen Jungen. Er hat ein gelbes Hemd an. Jetzt biegt er nach links ab. Nele folgt ihm.

Der Junge fängt an zu laufen. Nele läuft hinter ihm her. Doch der Junge ist schneller als sie.

Jetzt taucht vor dem Jungen Till auf. Nele winkt ihm zu. Aber Till schüttelt den Kopf. Das ist nicht der Dieb.

Kurze Zeit später treffen Till und Nele ihren Freund Lars. Auch er hat den Dieb nicht gesehen.

„Was sollen wir bloß machen?", ruft Till. „Das war mein ganzes Geld. Jetzt ist alles weg."

Fortsetzung folgt.

Manche Sätze sind richtig. Manche sind falsch. Kreuze bei jedem Satz an, ob er richtig oder falsch ist.

	richtig	falsch
1. Neles Geld ist weg.		
2. Der Dieb hat ein blaues Hemd an.		
3. Nele sieht etwas Gelbes.		
4. Till erkennt den Dieb.		
5. Lars hat den Dieb gefunden.		

Frau Hanne *Teil 2*

„Ich habe eine Idee“, sagt Lars. „Da drüben ist das Zelt von Frau Hanne. Die kann in die Zukunft sehen. Wir fragen sie einfach, wo wir den Dieb finden.“

„Das ist doch Unsinn“, sagt Nele. „Niemand kann in die Zukunft schauen. Außerdem hat Till ja gar kein Geld mehr.“

„Ich leih dir das Geld“, sagt Lars zu Till.

Till denkt nach.

Schließlich sagt er: „Gut, ich versuche es.“

Die Kinder gehen zum Zelt von Frau Hanne. Jeder von ihnen muss fünf Euro bezahlen. „Das ist aber teuer“, sagt Nele. Doch Lars meint: „Außer Frau Hanne kann uns niemand helfen.“

Bald stehen die Kinder vor Frau Hanne. Till erzählt, was geschehen ist.

Frau Hanne schaut in eine Kugel. Nach einer Weile sagt sie: „Hanne, Banne, Zanne – der Dieb ist in der Tanne.“

Die Kinder schauen sich an. Was soll das bloß bedeuten?

Als sie wieder draußen sind, meint Nele: „Das habe ich ja gleich gesagt. Das ist alles Unsinn, was die Frau Hanne sagt.“

„Vielleicht bedeutet es doch etwas“, meint Lars. „Das Wort Tanne gibt es doch.“

Nele denkt nach. Endlich sagt sie: „Ich glaube zwar nicht dran. Aber hier ist ein kleiner Wald in der Nähe. Da sind lauter Tannenbäume. Vielleicht ist der Dieb dort.“

Die Kinder machen sich auf den Weg.

Bald haben sie den kleinen Wald erreicht. Überall suchen sie nach dem Jungen. Aber er ist nicht zu finden.

Endlich geben sie auf. Sie gehen nach Hause.

Nach einiger Zeit kommt ihnen eine Frau entgegen. Es ist Frau Hanne. „Kinder“, ruft sie, „stellt euch vor, jemand hat mein ganzes Geld gestohlen.“

Die Kinder schauen sich an.

Schließlich sagt Nele: „Ich weiß, wo der Dieb ist.“

„Wo ist er?“, fragt Frau Hanne.

„Hanne, Banne, Zanne“, sagt Nele, „der Dieb ist in der Tanne.“

Da müssen die drei Kinder lachen. Nur Frau Hanne findet es nicht komisch.

Ende

Manche Sätze sind richtig. Manche sind falsch. Kreuze bei jedem Satz an, ob er richtig oder falsch ist.

	richtig	falsch
1. Nele glaubt, dass Frau Hanne in die Zukunft schauen kann.		
2. Lars will Till Geld leihen.		
3. Die Kinder wissen nicht genau, was Frau Hanne meint.		
4. Die Kinder finden den Dieb im Wald.		
5. Frau Hanne kann wirklich in die Zukunft schauen.		

Der Schrei

Hakan fährt mit seinem Fahrrad. Gleich kommt ein Abhang. Hakan freut sich schon darauf. Der Abhang hat viele Kurven und er ist ganz steil.

Hakan saust auf die erste Kurve zu. Achtung! Jetzt muss er bremsen. Doch Hakan bekommt einen riesigen Schreck. Die Bremse geht nicht.

Hakan fährt direkt auf eine Mauer zu. Er bremst so fest er kann. Aber das Fahrrad wird nicht langsamer.

„Ich muss an der Mauer vorbei“, denkt Hakan.

Im letzten Augenblick schafft er es. Er atmet auf.

Doch da kommt ihm ein Auto entgegen. Der Fahrer hupt. Hakan rast auf das Auto zu. Der Fahrer bremst. Hakan kommt gerade noch an dem Auto vorbei.

Jetzt wird der Abhang noch steiler. Das Fahrrad wird immer schneller.

Ein Moped kommt Hakan entgegen. Der Fahrer ruft: „Brems doch, Junge!“

Hakan schreit: „Ich kann nicht!“

Plötzlich laufen drei kleine Kinder auf die Straße.

„Weg da!“, ruft Hakan. Doch die Kinder hören ihn nicht.

„Zur Seite!“, brüllt Hakan so laut er kann.

Aber es nützt nichts. Die Kinder achten nicht auf ihn.

Wieder bremst Hakan. Aber er wird nicht langsamer.

Vor Angst schreit er laut auf.

Doch da kommt ein Mann. So schnell er kann, rennt der Mann auf die Straße. Er packt die Kinder und zieht sie zur Seite.

„Gott sei Dank!“, denkt Hakan. Ihm kommen die Tränen.

Hinter sich hört er ein Moped. Es ist der Mann von vorhin. Er hat gewendet und fährt jetzt hinter Hakan her.

„Pass auf!“, ruft der Mann Hakan zu. „Ich fahre neben dich, und dann halte ich dich fest.“

„Ist gut“, ruft Hakan.

Das Moped kommt näher. Doch plötzlich kommt es ins Schleudern. Der Mann stürzt auf die Straße.

Hakan stößt einen Schrei aus.

Da hört er eine Stimme. „Was ist denn los?“, fragt seine Mutter. „Hast du schlecht geträumt?“

Manche Sätze sind richtig. Manche sind falsch. Kreuze bei jedem Satz an, ob er richtig oder falsch ist.

	richtig	falsch
1. Hakan geht langsam nach Hause.		
2. Hakan fährt einen Berg hinauf.		
3. Hakan kommt ein Auto entgegen.		
4. Beinahe hätte Hakan eine alte Frau überfahren.		
5. Der Fahrer des Mopeds rettet Hakan.		

Lena kann zaubern

Lena geht zu ihrem Freund Benni. Auf der Straße bekommt sie Hunger. Sie würde jetzt gerne ein Stück Torte essen. Da fällt ihr etwas ein. Sie kann doch jetzt zaubern. Vor einiger Zeit hat sie es von einem Huhn gelernt.

Lena läuft dreimal in einem Kreis. Dann schaut sie zum Himmel hinauf. Sofort hat sie ein Stück Torte in der Hand.

Plötzlich hört sie hinter sich eine Stimme. Ein großer Junge fragt: „Wo hast du denn auf einmal die Torte her?“ Und schon nimmt der Junge Lena die Torte weg.

Lena bekommt eine riesige Wut. „Gib mir die Torte zurück!“, schreit sie. Doch der Junge lacht nur.

„Na warte“, denkt Lena. Sie läuft dreimal in einem Kreis herum. Dann schaut sie zum Himmel hinauf.

Auf einmal sitzt der Junge oben auf einem Baum. Die Torte landet in Lenas Händen.

„Was soll das?“, brüllt der Junge. „Hol mich hier wieder runter!“

Aber Lena lacht nur und geht weiter.

Nach einer Weile setzt sie sich auf eine Bank. Dort isst sie das Stück Torte auf. Es schmeckt so gut, dass sie noch ein Stück zaubert. Und danach noch eins und dann noch eins.

Nach einer Weile steht Lena auf. Sie geht weiter. Ihr ist schlecht. Sie hat zu viel Torte gegessen. Sie kann kaum noch gehen. Im Gesicht ist sie ganz weiß.

Es dauert ziemlich lange, bis sie bei ihrem Freund ankommt.

„Wie siehst du denn aus?“, fragt Benni sie. „Fehlt dir was?“

„Nein, nein“, sagt Lena, „alles in Ordnung.“

In Bennis Zimmer setzt sie sich erst einmal auf einen Stuhl. Da kommt Bennis Mutter herein. In der Hand hält sie eine große Torte.

„Die habe ich für euch gebacken“, ruft sie. „Ihr dürft so viel essen wie ihr wollt.“

Lena fängt an zu schwitzen. Ihr wird noch schlechter. „Ich werde nie wieder zaubern,“ denkt sie und rennt ins Bad.

Manche Sätze sind richtig. Manche sind falsch. Kreuze bei jedem Satz an, ob er richtig oder falsch ist.

	richtig	falsch
1. Der große Junge schenkt Lena ein Stück Torte.		
2. Plötzlich sitzt der große Jungen auf einem Baum.		
3. Lena isst zu viel Torte.		
4. Lena geht zu ihrem Freund Benni.		
5. Lena freut sich auf die Torte von Bennis Mutter.		

Spinat

„Oma, isst du gerne Spinat?“, fragt Paula. „Jetzt esse ich gerne Spinat“, antwortet die Oma. „Aber als Kind mochte ich keinen Spinat.“

„Und wie war das, als du noch ein Kind warst?“, will Paula wissen.

„Früher musste man immer den Teller leer essen“, sagt die Oma. „Einmal war es ganz schlimm. Es gab Spinat mit Kartoffeln. Mein Bruder Franz und ich hatten überhaupt keinen Hunger.

Aber unsere Mutter hat gesagt: ‚Ihr esst euren Teller leer!‘

Ich habe ein bisschen gegessen. Es hat überhaupt nicht geschmeckt. Deshalb habe ich gerufen: ‚Ich mag keinen Spinat. Und ich esse auch keinen!‘

Meine Mutter war sehr streng. Sie hat geschimpft. Dann hat sie gesagt: ‚Ihr esst euren Teller leer. Und dabei bleibt es.‘“

„Warum musstet ihr denn den Teller leer essen?“, will Paula wissen.

Die Oma lacht und meint: „Das weiß ich auch nicht so genau. Früher hatten die Leute nicht so viel Geld. Vielleicht lag es daran. Früher hat man auch nicht so viel weggeworfen wie heute.“

„Und wie geht es mit deiner Geschichte weiter?“, fragt Paula.

„Der Franz und ich saßen fast eine halbe Stunde vor dem Spinat. Inzwischen war er ganz kalt geworden. Das war richtig eklig.

Franz hat dann zu unserer Mutter gesagt: ‚Das können wir doch nicht mehr essen. Das ist doch ganz kalt.‘

Aber unsere Mutter wollte nicht nachgeben. ‚Ihr esst euren Teller leer‘, sagte sie. ‚Und dabei bleibt es!‘“

„Und was habt ihr dann gemacht?“, fragt Paula.

„Plötzlich hat es an der Tür geklingelt“, erzählt die Oma weiter. „Unsere Mutter ist zur Tür gegangen. Da haben der Franz und

ich unsere Teller genommen. Dann sind wir in den Garten gerannt. Dort haben wir den Spinat schnell vergraben. Zum Glück hat unsere Mutter nichts gemerkt."

„Und musstet ihr später noch einmal Spinat essen?", fragt Paula.

„Ja leider", lacht die Oma. „Unsere Mutter hat zwar nichts gemerkt. Aber sie hat etwas geahnt. Und von da an hat sie besser aufgepasst."

Manche Sätze sind richtig. Manche sind falsch. Kreuze bei jedem Satz an, ob er richtig oder falsch ist.

	richtig	falsch
1. Die Oma hat als Kind sehr gerne Spinat gegessen.		
2. Früher mussten die Kinder immer ihren Teller leer essen.		
3. Omas Mutter war sehr streng.		
4. Der Spinat ist kalt geworden.		
5. Oma hat den Spinat in den Müll geworfen.		

Katja *Teil 1*

„Wo ist Katja?“, ruft Emine. Finn schaut Emine an. „Das weiß ich auch nicht“, sagt er.

Katja ist eine kleine Katze. Die beiden Kinder haben gerade noch mit ihr gespielt.

„Vielleicht ist sie auf die Straße gelaufen“, meint Emine. „Und ein Auto hat sie überfahren.“

„Das glaube ich nicht“, sagt Finn. Er möchte seine Freundin beruhigen.

Die beiden Kinder haben Ferien. Mit ihren Eltern sind sie auf einem Bauernhof.

Der Bauer hat gemerkt, wie sehr Emine Katzen mag. Und so hat er ihr die kleine Katja geschenkt.

„Wir müssen Katja suchen“, ruft Emine. „Du hast recht“, meint Finn. „Aber wo fangen wir an?“

„Vielleicht weiß der Bauer, wo Katja sein könnte“, antwortet Emine.

Schnell laufen die beiden Kinder zu Herrn Schulz. „Weit kann Katja nicht sein“, sagt Herr Schulz. „Die Katzen sind gern auf der großen Wiese. Dort gibt es viele Bäume. Vielleicht ist Katja auf einen Baum geklettert.“

Emine hat eine Idee. „Wir teilen uns die Wiese“, sagt sie zu Finn. „Du suchst im oberen Teil und ich im unteren.“ Sofort beginnen die beiden mit der Suche.

Schon nach kurzer Zeit hört Emine etwas. Es hört sich an wie „miau, miau“. Es kommt von einem Baum.

„Das ist bestimmt Katja“, denkt Emine. Sofort läuft sie zu dem Baum. Auf einem Ast sieht sie wirklich eine Katze. Aber es ist nicht Katja.

Emine sucht weiter. Sie schaut sich jeden Baum genau an. Doch Katja ist nicht zu sehen.

Schließlich kommt Emine an einen Fluss. Aber auch dort ist Katja nicht.

Plötzlich hört Emine ein lautes Bellen. Schnell läuft sie dorthin. Voller Schreck sieht sie einen riesigen Hund vor einem Baum. Der Baum steht direkt an einem Fluss.

Auf einem Ast sitzt eine kleine Katze. Es ist Katja. Der Ast biegt sich immer weiter zum Fluss hinunter.

„Gleich fällt Katja ins Wasser und ertrinkt“, denkt Emine.

Fortsetzung folgt.

Manche Sätze sind richtig. Manche sind falsch. Kreuze bei jedem Satz an, ob er richtig oder falsch ist.

	richtig	falsch
1. Finn hat die kleine Katze geschenkt bekommen.		
2. Die kleine Katze Katja ist auf die Straße gelaufen.		
3. Die beiden Kinder suchen im Wald nach Katja.		
4. Katja sitzt auf einem Baum.		
5. Ein Hund ist hinter Katja her.		

Katja *Teil 2*

Emine schaut sich um. Neben ihr steht ein Baum. Daneben liegen ein paar Steine.

Schnell hebt Emine einige Steine auf. Dann klettert sie auf den Baum.

Sie wirft einen Stein nach dem Hund. Doch der Stein geht daneben. Emine wirft noch einen Stein. Wieder daneben.

Der Hund bellt immer lauter. Katjas Zweig biegt sich immer weiter nach unten über den Fluss.

Wieder wirft Emine einen Stein. Jetzt hat sie getroffen. Voller Wut läuft der Hund zu Emines Baum. Er springt an dem Baum hoch.

Plötzlich hört sie eine Stimme. „Hasso, bei Fuß!“, ruft jemand. Der Hund dreht sich um und läuft weg.

Schnell steigt Emine von ihrem Baum herunter. Sie läuft zu Katja. Die kleine Katze springt dem Mädchen in die Arme.

Plötzlich hört Emine eine Stimme. „Danke“, sagt jemand.

„Wer spricht da?“, fragt Emine.

„Ich“, antwortet die Stimme.

„Wer ich?“, fragt Emine.

„Ich, die Katze“, antwortet die Stimme.

„Du kannst sprechen?“, fragt Emine ganz erstaunt.

„Ich bin eine Zauberin“, sagt Katja. „Du hast mir geholfen. Nun hast du zwei Wünsche frei. Aber du darfst niemandem davon erzählen.“

Am nächsten Tag gehen Emine und Finn ins Dorf. Sie wollen etwas einkaufen.

Nach einer Weile hören sie ein Kind schreien. Emine und Finn gehen darauf zu. Da sehen sie einen kleinen Jungen. Eine Frau hält ihn im Arm.

„Was hat denn der Kleine?“, fragt Emine.

„Er hat ganz schlimme Schmerzen am Arm“, sagt die Frau. „Und niemand weiß, woher es kommt. Ich weiß nicht, was ich machen soll.“

„Warum kommt denn kein Arzt?“, fragt Emine.

„Der Arzt ist unterwegs“, sagt die Frau. „Aber das dauert noch. Er kommt mit dem Auto aus der Stadt.“

Der kleine Junge schreit immer lauter.

„Was soll ich tun?“, denkt Emine. „Ich kann mir wünschen, dass der Arm wieder heil ist. Aber dann ist einer meiner Wünsche weg.“

Fortsetzung folgt.

Manche Sätze sind richtig. Manche sind falsch. Kreuze bei jedem Satz an, ob er richtig oder falsch ist.

	richtig	falsch
1. Emine wirft mit Steinen nach dem Hund.		
2. Jemand ruft den Hund.		
3. Die Katze kann sprechen.		
4. Ein alter Mann hat sich den Arm gebrochen.		
5. In ein paar Minuten kommt ein Arzt.		

Katja *Teil 3*

Der kleine Junge schreit und schreit. Da flüstert Emine: „Ich wünsche mir, dass der Arm wieder heil ist.“

Plötzlich hört der Junge auf zu schreien. Seine Mutter ist ganz erstaunt. Sie streicht mit ihrer Hand über den Arm. „Der Arm ist heil“, sagt sie. „Das gibt es doch nicht!“

Auch Finn schaut ganz erstaunt. „Was war denn das?“, fragt er.

„Das weiß ich auch nicht“, antwortet Emine. „Aber jetzt müssen wir weiter.“

Am Nachmittag sagt Emines Vater: „Was haltet ihr von einem Ausflug. Wir können zum See wandern?“ Alle machen mit, die beiden Kinder und ihre Eltern.

Das Wandern macht den Kindern großen Spaß. Der Weg ist weit. Aber nach zwei Stunden haben sie ihr Ziel erreicht.

Sie sind ganz allein an dem See. Schnell ziehen sie ihre Badesachen an. Alle springen ins Wasser. Wie gut das tut.

Nach einer Weile gehen die Kinder wieder an Land. Emine ist müde. Sie legt sich auf ihr Badetuch. Bald schläft sie ein. Finn schaut sich in der Gegend um.

Plötzlich wacht Emine wieder auf. Sie schaut sich um. Finns Eltern sind ganz aufgeregt. Und Emines Eltern auch.

„Finn ist verschwunden!“, ruft Emines Mutter. „Wir haben schon überall am See gesucht. Aber wir können ihn nicht finden.“

„Wir müssen im ganzen Tal suchen“, sagt Finns Vater.

Sofort beginnen alle mit der Suche. Sie schauen hinter jeden Baum und jeden Strauch. Aber Finn ist nicht zu finden.

Finns Mutter weint. Finns Vater schaut stumm vor sich hin.

„Es wird bald dunkel“, sagt Finns Mutter. „Was wird mit Finn, wenn es dunkel ist?“

Jetzt flüstert Emine leise: „Ich wünsche mir, dass Finn wieder da ist.“

Plötzlich kommt Finn hinter einem Busch hervor.

In dem Augenblick hört Emine eine Stimme. „Das hast du gut gemacht“, sagt die Katze Katja. „Du hast anderen Menschen geholfen. Deshalb hast du jetzt noch einmal zwei Wünsche frei.“

Ende

Manche Sätze sind richtig. Manche sind falsch. Kreuze bei jedem Satz an, ob er richtig oder falsch ist.

	richtig	falsch
1. Finn hilft dem kleinen Jungen.		
2. Die Kinder machen mit ihren Eltern einen Ausflug.		
3. Alle suchen Finn.		
4. Finns Mutter weint.		
5. Emine hat keinen Wunsch mehr frei.		

Der kleine Hase

Jule geht an einem Feld entlang. Hoch oben in der Luft sieht sie einen großen Vogel. Er kommt immer näher. Jetzt fliegt er in einem Kreis.

„Bestimmt hat er auf dem Feld etwas zum Fressen gesehen“, denkt Jule.

Der Vogel fliegt in immer kleineren Kreisen. Plötzlich sieht Jule etwas. Der Vogel hat es auf einen kleinen Hasen abgesehen.

Der Vogel fliegt immer tiefer.

Plötzlich rennt Jule los. Sie will den kleinen Hasen retten. Der Vogel fliegt noch tiefer. Jetzt fliegt er direkt auf den Hasen zu. Jule schreit laut. Sie rennt noch schneller.

In diesem Moment stoppt der Vogel. In einem großen Bogen fliegt er davon.

Jule kommt bei dem Hasen an. Er hat ein weißes Ohr.

„Sicher hat der Vogel das weiße Ohr gesehen“, denkt Jule.

Am nächsten Tag geht Jule wieder zu dem Feld. Sie will nach dem Hasen schauen. Zu Hause hat sie ihm sogar schon einen Namen gegeben. Heiner soll er heißen.

Doch der Hase ist nicht mehr zu finden.

Jule schaut sich die Stelle an, wo er gelegen hat. Sie erkennt Spuren von sehr großen Füßen.

„So große Füße hat nur einer im Dorf“, denkt Jule. „Und das ist Uwe Unner. Er hat schon öfter wilde Hasen gefangen. Das darf man aber nicht.“

Schnell rennt Jule ins Dorf. Bald kommt sie am Haus von Uwe Unner an. Jule schleicht in den Garten. In einer Ecke stehen ein paar Ställe für Kaninchen. In einem der Ställe sitzt Heiner.

Ganz leise schleicht sich Jule an die Ställe heran. Plötzlich hört sie jemanden kommen. Sie bekommt einen riesigen Schreck.

So schnell sie kann, kriecht sie hinter einen Busch.

Uwe Unner geht direkt an dem Busch vorbei. Dann verschwindet er wieder.

Jule schleicht sich weiter an die Ställe heran. Sie öffnet Heiners Stall.

„Alles Gute, kleiner Heiner“, flüstert Jule.

Und dann ist der kleine Hase schon verschwunden.

Manche Sätze sind richtig. Manche sind falsch. Kreuze bei jedem Satz an, ob er richtig oder falsch ist.

	richtig	falsch
1. Jule sieht auf dem Feld ein Reh.		
2. Der Vogel schnappt sich den Hasen.		
3. Jule hat sich für den Hasen einen Namen ausgedacht.		
4. Jule spricht mit Uwe Unner.		
5. Jule lässt den Hasen frei.		

Im Kaufhaus

Laura geht in ein Kaufhaus. Sie möchte sich Spielsachen anschauen. Da sieht sie in einem Spiegel einen Jungen. Es ist Udo.

„Was ist denn mit Udo los?“, denkt Laura. „Er verhält sich so komisch.“

Laura kennt Udo sehr gut. Die beiden gehen in dieselbe Klasse.

Udo schaut sich um. Er sieht niemanden.

Da streckt er seine Hand nach einem kleinen Auto aus. Doch im letzten Augenblick zieht er seine Hand wieder zurück.

Jetzt geht Udo ein Stück weiter. Doch gleich darauf kommt er wieder zurück. Vorsichtig schaut er sich wieder um. Niemand ist zu sehen. Wieder streckt er seine Hand nach dem Auto aus. Jetzt greift er zu. Er steckt das Auto in seine Tasche. Dann geht er weiter.

Schnell läuft Laura hinter ihm her. Bald hat sie ihn eingeholt. Sie tippt ihm von hinten auf die Schulter. Erschrocken dreht Udo sich um.

„Bist du verrückt geworden“, sagt Laura. „Du hast gerade ein Auto geklaut.“

Udo wird ganz rot im Gesicht.

„Bring sofort das Auto zurück“, sagt Laura.

„Ja, ja“, stottert Udo, „ich mach ja schon.“

Die beiden gehen zurück. Vor den Autos angekommen greift Udo in seine Tasche. Doch plötzlich steht ein Verkäufer neben ihm.

„Was machst du da?“, fragt der Verkäufer. „Du bist mir vorhin schon aufgefallen.“

„Nichts, nichts“, stottert Udo.

Jemand ruft nach dem Verkäufer. Er dreht sich um. Dann geht er weg. Doch gleich darauf ist er wieder da.

„Geht jetzt weiter!“, sagt er zu Udo und Laura.

Laura hat eine Idee. Sie geht ein Stück zur Seite. Der Verkäufer kann sie nun nicht mehr sehen. Sie nimmt einen Ball und lässt ihn fallen.

Der Verkäufer dreht sich um. In diesem Moment zieht Udo das Auto aus seiner Tasche. Schnell legt er es an seinen Platz zurück.

„Entschuldigung!“, sagt Laura zu dem Verkäufer. Dann verschwinden die beiden Kinder.

Manche Sätze sind richtig. Manche sind falsch. Kreuze bei jedem Satz an, ob er richtig oder falsch ist.

	richtig	falsch
1. Laura geht in eine Bäckerei.		
2. Udo will ein Auto stehlen.		
3. Laura läuft hinter Udo her.		
4. Udo will das Auto behalten.		
5. Laura lenkt den Verkäufer ab.		

Die Puppe

Malte ist mit seinen Eltern im Zirkus. Gerade stellt sich eine Frau vor eine große Wand. Ein Mann nimmt ein langes Messer. Er wirft es an die Wand. Direkt neben dem rechten Arm der Frau bleibt es stecken. Dann kommt das nächste Messer. Es bleibt neben dem Kopf der Frau stecken. Und so geht es weiter.

„Das ist super“, ruft Malte. „Das mache ich auch!“. Da müssen seine Eltern lachen.

Am nächsten Tag holt sich Malte die Puppe seiner Schwester. Und aus der Küche holt er sich ein paar Messer.

Dann geht er in den Garten. Er stellt die Puppe an einen dicken Baum.

Er wirft das erste Messer. Es geht weit daneben. Es bleibt auch nicht im Baum stecken. Mit dem zweiten Messer geht es genauso.

Plötzlich kommt seine Schwester Lisa angelaufen.

„Du bist wohl verrückt geworden", ruft sie. Sie nimmt ihre Puppe und läuft ins Haus. Dort versteckt sie die Puppe.

Es dauert nicht lange, bis Malte die Puppe gefunden hat. Wieder stellt er sie an den Baum.

Er wirft ein Messer. Es geht weit daneben.

Da kommt Lisa wieder angelaufen.

Malte wirft noch ein Messer. Es bleibt direkt über dem Kopf der Puppe stecken.

„Super!", ruft Malte.

„Du spinnst total!", ruft Lisa. „Du hättest auch die Puppe treffen können."

„Aber das will ich ja gar nicht", sagt Malte. „Ich will nur ein bisschen üben."

Dann meint er: „Du brauchst die Puppe gar nicht zu verstecken. Ich finde sie doch."

Lisa hat eine Idee. Sie holt Maltes Fahrrad aus dem Keller. Dann fängt sie an, das Vorderrad abzuschrauben.

„Hör sofort auf damit!“, ruft Malte.

„Wieso?“, fragt Lisa. „Ich will nur ein bisschen üben. Dann weiß ich, aus welchen Teilen ein Fahrrad besteht.“

„Also gut“, brummt Malte. Dann gibt er Lisa die Puppe zurück.

Manche Sätze sind richtig. Manche sind falsch. Kreuze bei jedem Satz an, ob er richtig oder falsch ist.

	richtig	falsch
1. Malte geht mit seinen Eltern in den Zirkus.		
2. Malte holt sich aus der Küche eine Gabel.		
3. Lisa spielt mit Malte Karten.		
4. Lisa holt ihre Mutter.		
5. Lisa fährt mit Maltes Fahrrad weg.		

Lasse rennt

Wieder ist Lasse der Letzte. Die Schüler sind gerade fünfzig Meter gelaufen. Der Lehrer hat die Zeiten gestoppt. Lasse war ganz langsam. Fast immer ist er beim Wettrennen der Letzte.

Doch heute ist es besonders schlimm. Die anderen Schüler lachen ihn aus. Tobias ruft: „Du bist ja noch langsamer als meine Oma."

Nach der Schule geht Lasse ganz traurig nach Hause. Er weiß nicht, was er tun soll.

Am Nachmittag erzählt er alles seinem Onkel Willi.

„Vielleicht solltest du das Laufen üben", meint Onkel Willi. „Wenn du willst, helfe ich dir dabei."

„Super!“, ruft Lasse. „Dann bin ich bald der Schnellste in der Klasse.“

„Das ist unmöglich“, sagt Onkel Willi. „Wie viele Schüler seid ihr denn in eurer Klasse?“

„Zwanzig“, sagt Lasse.

„Dann kannst du versuchen, beim Wettrennen Zehnter zu werden“, meint Onkel Willi. „Ich glaube, das kannst du schaffen.“

Am nächsten Tag geht Lasse mit Onkel Willi auf den Sportplatz. Lasses Freund Leo geht auch mit. Er geht in eine andere Klasse als Lasse. Leo ist beim Wettrennen auch immer der Letzte.

Die beiden Jungen gehen zum Start. „Achtung, fertig, los“, ruft Onkel Willi. Lasse und Leo rennen so schnell sie können, bis sie am Ziel ankommen.

„Gleich noch einmal!“, ruft Onkel Willi. Und so geht es immer weiter.

Doch die beiden werden nicht schneller, sondern immer langsamer.

„So ist das immer“, lacht Onkel Willi. „Es wird schon ein paar Wochen dauern, bis ihr schneller werdet.“

Nach den Ferien gibt es in der Schule wieder ein Wettrennen. Immer fünf Schüler rennen in einer Gruppe. Lasse ist in der letzten Gruppe. Er läuft so schnell wie noch nie.

Die anderen Schüler staunen. „Lasse, das war sehr gut“, ruft der Lehrer. „Du bist der Neunte.“

„Noch besser als ich dachte“, denkt Lasse.

An diesem Tag geht er sehr zufrieden nach Hause.

Manche Sätze sind richtig. Manche sind falsch. Kreuze bei jedem Satz an, ob er richtig oder falsch ist.

	richtig	falsch
1. Lasse ist beim Wettrennen immer der Erste.		
2. Lasse erzählt alles seinen Eltern.		
3. Onkel Willi hat keine Zeit für Lasse.		
4. Nach den Ferien läuft Lasse so schnell wie noch nie.		
5. Am Ende der Geschichte ist Lasse ganz traurig.		

Die Maus

Toni ist bei seiner Tante und seinem Onkel zu Besuch. Die drei sitzen im Wohnzimmer.

Plötzlich springt Tonis Tante auf. „Iiiiiiii!“, schreit sie, „eine Maus, da drüben an der Wand!“

„Aber das ist doch nur eine kleine Maus“, sagt Toni.

„Deine Tante hatte schon immer Angst vor Mäusen“, lacht Onkel Alf.

Jetzt schreit Tante Marta: „Die Maus läuft unter den kleinen Tisch in der Ecke.“

Onkel Alf schaut unter dem Tisch nach. Dort ist ein Mauseloch in der Wand. Onkel Alf holt eine Mausefalle. Er legt sie vor das Loch.

„Aber wenn die Maus in die Falle läuft, ist sie tot“, sagt Toni.

„Das ist ja auch der Zweck der Falle“, lacht Onkel Alf.

Bald darauf ist Toni allein im Zimmer. Er läuft zu dem Tisch in der Ecke. Vorsichtig zieht er die Falle hervor. Dann legt er sie in einen Schrank.

Jetzt rennt er in den Keller. Dort holt er eine kleine Kiste. Sie hat an einer Seite eine Klappe.

In der Küche legt Toni ein Stück Käse in die Kiste. Dann geht er ins Wohnzimmer. Dort legt er die Kiste unter den Tisch.

Unten an der Klappe bindet er einen Faden fest. Wenn er an dem Faden zieht, ist die Klappe offen. Wenn er den Faden loslässt, geht die Klappe zu.

Toni setzt sich mit dem Faden in der Hand in einen Sessel. Er wartet. Nach einiger Zeit kommt die Maus aus ihrem Loch heraus. Jetzt läuft sie auf die Kiste zu.

Doch plötzlich knallt irgendwo eine Tür. Sofort ist die Maus wieder verschwunden.

Aber es dauert nicht lange, bis sie wieder erscheint. Sie läuft auf die Kiste zu. Nun riecht sie den Käse. Sie läuft in die Kiste hinein. Sofort lässt Toni den Faden los. Die Klappe fällt zu.

Toni nimmt die Kiste und läuft nach draußen. Dort lässt er die Maus frei.

Manche Sätze sind richtig. Manche sind falsch. Kreuze bei jedem Satz an, ob er richtig oder falsch ist.

	richtig	falsch
1. Tonis Tante hat Angst vor Mäusen.		
2. Onkel Alf fängt die Maus mit der Hand.		
3. Toni baut eine Mausefalle.		
4. Die Maus versteckt sich unter einem Sessel.		
5. Toni lässt die Maus frei.		

Lösungen zu den Fragen

Damit die Kinder die Antworten zu den Fragen nicht ablesen, empfiehlt es sich, die folgenden Seiten herauszutrennen.

Wenn Sie die Geschichten in der Schule als Lehrer einsetzen und dabei viele Antworten nachzuprüfen haben, können Sie sich die folgenden Seiten auch auf Folie kopieren und dann als Schablonen verwenden.

Ein schlauer Junge: Seite 6–8	richtig	falsch
1. Anton hat vor Erik Angst.	X	
2. Anton versteckt sich auf einem Baum.		X
3. Erik klettert durch das Fenster in den Keller.	X	
4. Der Junge hat mit seinem Vater Bohnen gepflanzt.		X
5. Erik bekommt Angst vor dem Jungen und läuft weg.	X	

Das Märchen vom Huhn: Seite 9–11	richtig	falsch
1. Lena isst einen Apfel.	X	
2. Das Huhn will nach Lena picken.	X	
3. Die Flasche zerbricht an einem Stein.	X	
4. Das Huhn verwandelt sich in ein Schwein.		X
5. Lena erzählt ihrer Freundin, was sie erlebt hat.		X

Frau Hanne, Teil 1: Seite 12–14	richtig	falsch
1. Neles Geld ist weg.		X
2. Der Dieb hat ein blaues Hemd an.		X
3. Nele sieht etwas Gelbes.	X	
4. Till erkennt den Dieb.		X
5. Lars hat den Dieb gefunden.		X

Frau Hanne, Teil 2: Seite 15–17	richtig	falsch
1. Nele glaubt, dass Frau Hanne in die Zukunft schauen kann.		X
2. Lars will Till Geld leihen.	X	
3. Die Kinder wissen nicht genau, was Frau Hanne meint.	X	
4. Die Kinder finden den Dieb im Wald.		X
5. Frau Hanne kann wirklich in die Zukunft schauen.		X

Der Schrei: Seite 18–20	richtig	falsch
1. Hakan geht langsam nach Hause.		X
2. Hakan fährt einen Berg hinauf.		X
3. Hakan kommt ein Auto entgegen.	X	
4. Beinahe hätte Hakan eine alte Frau überfahren.		X
5. Der Fahrer des Mopeds rettet Hakan.		X

Lena kann zaubern: Seite 21–23	richtig	falsch
1. Der große Junge schenkt Lena ein Stück Torte.		X
2. Plötzlich sitzt der große Jungen auf einem Baum.	X	
3. Lena isst zu viel Torte.	X	
4. Lena geht zu ihrem Freund Benni.	X	
5. Lena freut sich auf die Torte von Bennis Mutter.		X

Spinat: Seite 24–26	richtig	falsch
1. Die Oma hat als Kind sehr gerne Spinat gegessen.		X
2. Früher mussten die Kinder immer ihren Teller leer essen.	X	
3. Omas Mutter war sehr streng.	X	
4. Der Spinat ist kalt geworden.	X	
5. Oma hat den Spinat in den Müll geworden.		X

Katja, Teil 1: Seite 27–29	richtig	falsch
1. Finn hat die kleine Katze geschenkt bekommen.		X
2. Die kleine Katze Katja ist auf die Straße gelaufen.		X
3. Die beiden Kinder suchen im Wald nach Katja.		X
4. Katja sitzt auf einem Baum.	X	
5. Ein Hund ist hinter Katja her.	X	

Katja, Teil 2: Seite 30–32	richtig	falsch
1. Emine wirft mit Steinen nach dem Hund.	X	
2. Jemand ruft den Hund.	X	
3. Die Katze kann sprechen.	X	
4. Ein alter Mann hat sich den Arm gebrochen.		X
5. In ein paar Minuten kommt ein Arzt.		X

Katja, Teil 3: Seite 33–35	richtig	falsch
1. Finn hilft dem kleinen Jungen.		X
2. Die Kinder machen mit ihren Eltern einen Ausflug.	X	
3. Alle suchen Finn.	X	
4. Finns Mutter weint.	X	
5. Emine hat keinen Wunsch mehr frei.		X

Der kleine Hase: Seite 36–38	richtig	falsch
1. Jule sieht auf dem Feld ein Reh.		X
2. Der Vogel schnappt sich den Hasen.		X
3. Jule hat sich für den Hasen einen Namen ausgedacht.	X	
4. Jule spricht mit Uwe Unner.		X
5. Jule lässt den Hasen frei.	X	

Im Kaufhaus: Seite 39–41	richtig	falsch
1. Laura geht in eine Bäckerei.		X
2. Udo will ein Auto stehlen.	X	
3. Laura läuft hinter Udo her.	X	
4. Udo will das Auto behalten.		X
5. Laura lenkt den Verkäufer ab.	X	

Die Puppe: Seite 42–44	richtig	falsch
1. Malte geht mit seinen Eltern in den Zirkus.	X	
2. Malte holt sich aus der Küche eine Gabel.		X
3. Lisa spielt mit Malte Karten.		X
4. Lisa holt ihre Mutter.		X
5. Lisa fährt mit Maltes Fahrrad weg.		X

Lasse rennt: Seite 45–47	richtig	falsch
1. Lasse ist beim Wettrennen immer der Erste.		X
2. Lasse erzählt alles seinen Eltern.		X
3. Onkel Willi hat keine Zeit für Lasse.		X
4. Nach den Ferien läuft Lasse so schnell wie noch nie.	X	
5. Am Ende der Geschichte ist Lasse ganz traurig.		X

Die Maus: Seite 48–50	richtig	falsch
1. Tonis Tante hat Angst vor Mäusen.	X	
2. Onkel Alf fängt die Maus mit der Hand.		X
3. Toni baut eine Mausefalle.	X	
4. Die Maus versteckt sich unter einem Sessel.		X
5. Toni lässt die Maus frei.	X	

Jederzeit optimal vorbereitet in den Unterricht?